LERNEN MACHT SPASS

Dorothee Raab

ABC im Kinderzimmer A-M

Carlsen Verlag · Reinbek

Auf der letzten Seite wird das Alphabet wiederholt,
mit wichtigen Tips und Hinweisen für die Übungen

1. Auflage 1988

Umschlaggestaltung: Jan Buchholz, unter Verwendung
einer Illustration von Dorothee Raab
Lektorat: Ursula Heckel
Lithographie: Offsetrepro Gerhard Bahruth, Reinbek
Druck- und Bindearbeiten: Witt + Partner, Reinbek
150288109 · ISBN 3-551-13331-X
Printed in Germany

Kennst du den Lieblingsbuchstaben des Affen?
Dann male das Bild an.

Kannst du schon das A schreiben?

A

Die Wichtelmänner haben ihre Mützen verloren.
Zeichne sie doch wieder ein.

Kannst du auch auf diesen Linien schreiben?
Dann übe hier das A!

A

A

A

Welches Wort
beginnt mit A?
Hilf dem Affen
und male die
richtigen Bilder
farbig an.

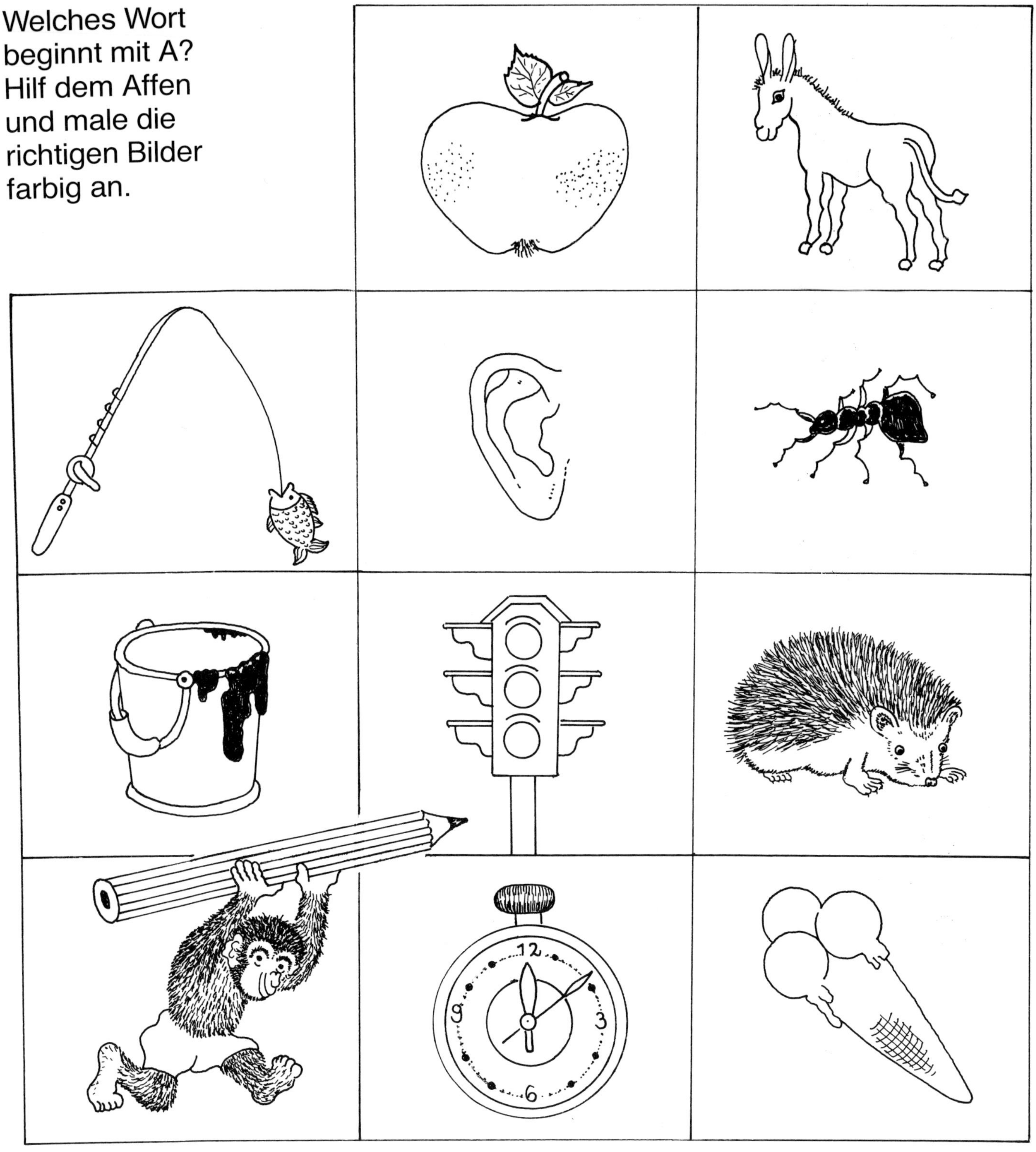

Übe hier A und a.

A A

a a a

Wo ruht sich der Bär aus?

Versuch doch mal, ob du das B schreiben kannst.

B

Ziehe die gepunkteten Linien in Pfeilrichtung nach.
Welcher Buchstabe entsteht?

Paß auf, Katze! Die Fische haben so große Mäuler. Vielleicht beißen sie?
Zeichne die Mäuler ein!

Kannst du auch auf diesen Linien ein B schreiben?

B

B

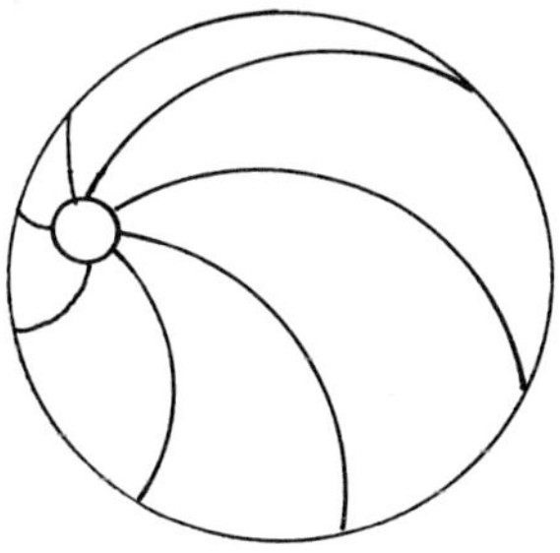

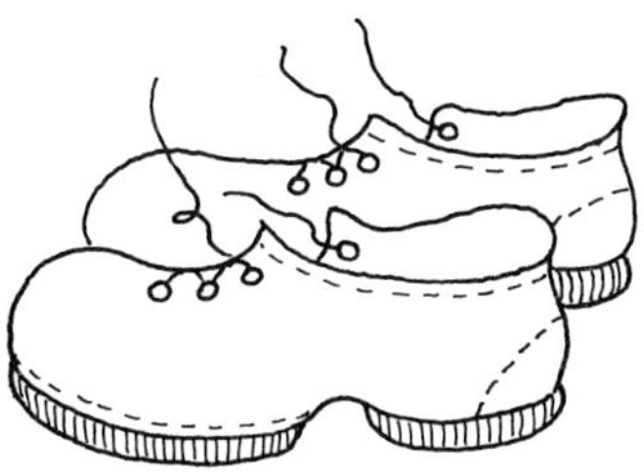

Welches Wort
beginnt mit B?
Male die richtigen
Bilder schön an!

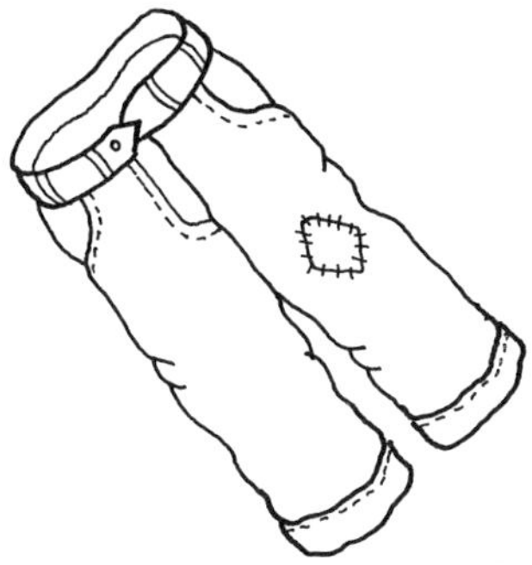

Schreibe die Linien voll! Kreise den schönsten Buchstaben ein!

B

b b b

Welchen Buchstaben trägt der Clown auf seinem Schuh?

Kannst du dem Clown zeigen, wie man ein C schreibt?

C

Ach du lieber Schreck! Hier sind ja alle Henkel abgebrochen!
Zeichne sie neu ein und male die Kannen an.

Wenn du Henkel zeichnen kannst, kannst du auch C schreiben!

C C

c c c

Wie heißt der Anfangsbuchstabe des Dackels?

D D

D D

Kannst du das D schon schreiben?

D

Zeichne die fehlenden Elefantenohren ein.

Hier kannst du D und d üben.

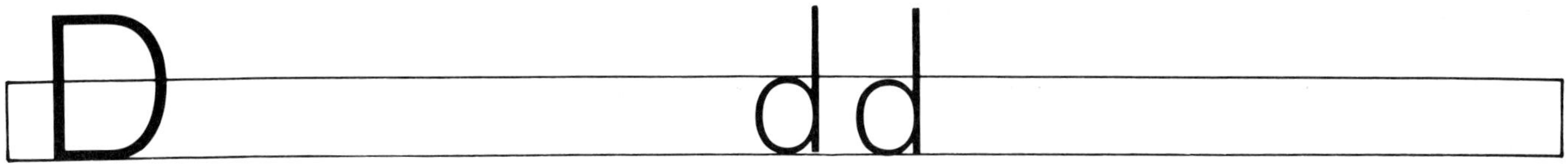

Welchen Buchstaben tragen die Esel? Es ist ihr Anfangsbuchstabe.

Übe hier das E.

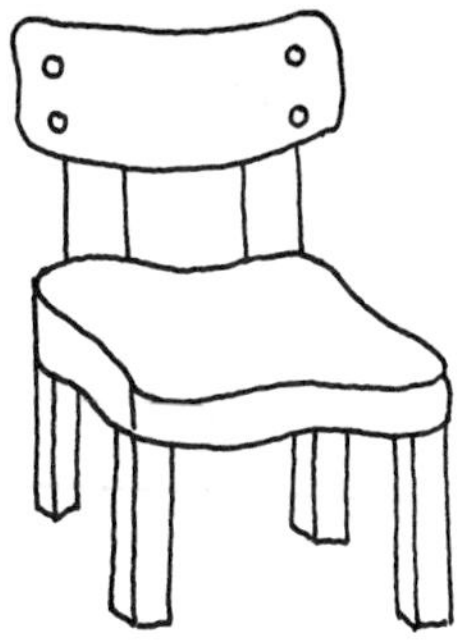

Der Esel ist nicht
dumm!
Er weiß genau,
welches Wort mit
E beginnt.
Und du?
Male die richtigen Bilder an!

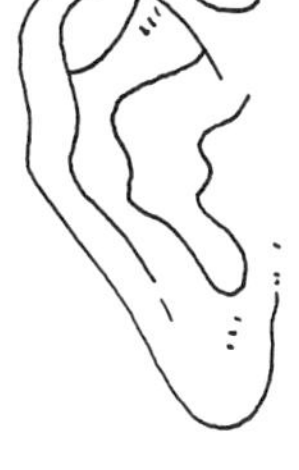

E E

e e e

Schau genau hin, was alles zwischen den Fischen versteckt ist.

Kannst du schon F und f schreiben?

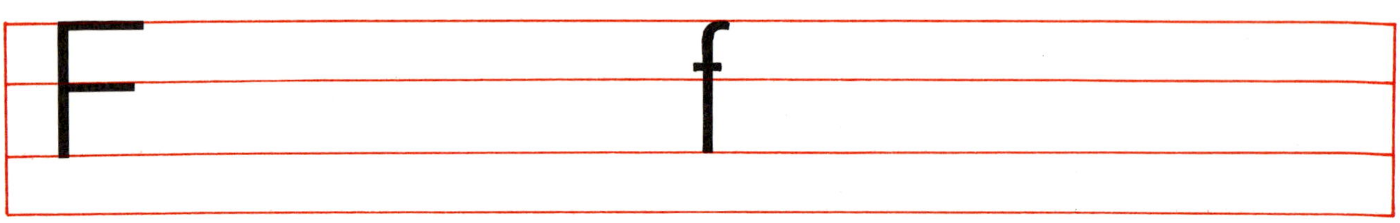

Die Gans trägt ihren Anfangsbuchstaben auf dem Schwanz.

Übe hier das G.

G

Zeichne die gepunkteten Linien in Pfeilrichtung nach.
Welcher Buchstabe entsteht?

Kannst du den Buchstaben schon alleine schreiben?

G G

g g g

Die Hasen spielen mit ihrem Anfangsbuchstaben. Wie heißt er?

Übe hier den Hasenbuchstaben.

H

Hans ist so sportlich. Er macht Handstand und Kunststücke.
Zeichne die Turngeräte richtig nach!

Jetzt kannst du bestimmt das H schreiben.

HH

H

Welches Wort beginnt mit H? Hilf dem Hasen beim Anmalen.

Übe den Buchstaben und schreibe die Linien voll.

H

h h h

An welchem Buchstaben schnuppern die Igel?

Es ist ganz einfach, ein I zu schreiben!

Hilfe! Die Tiere brechen aus! Zeichne die Stäbe wieder ein!

Kannst du l und i alleine schreiben?

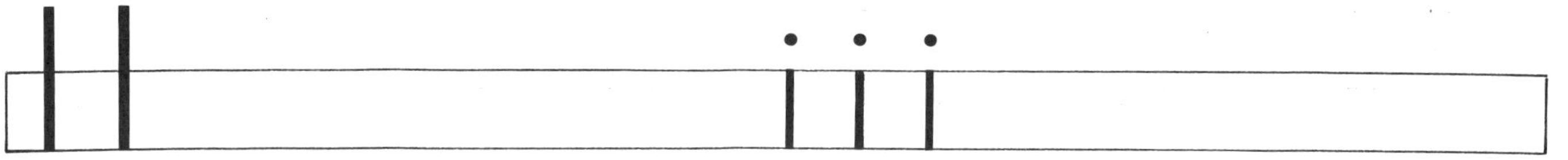

Die Hunde des Jägers haben einen Buchstaben entdeckt. Wie heißt er?

J J

J J

Schreibe das J!

J

Oh! Wir werden alle naß! Zeichne die Stöcke der Regenschirme ein.

Jetzt kannst du J und j bestimmt schon alleine schreiben!

J J

j j j

Wie heißt der Anfangsbuchstabe der Katzen?

K K

K K

Versuche hier, das K zu üben!

K

Zeichne die gepunkteten Linien in Pfeilrichtung nach!
Welcher Buchstabe entsteht?

Das Kamel ist stolz, weil du schon so gut schreibst.

K K

k k k

Wie heißt der Lieblingsbuchstabe des Löwen?

Hier kannst du das L versuchen.

L

Sind die Kinder auf die Podeste geflogen? Das glaubt ja keiner!
Zeichne die Stufen ein.

Hier kannst du L und l üben!

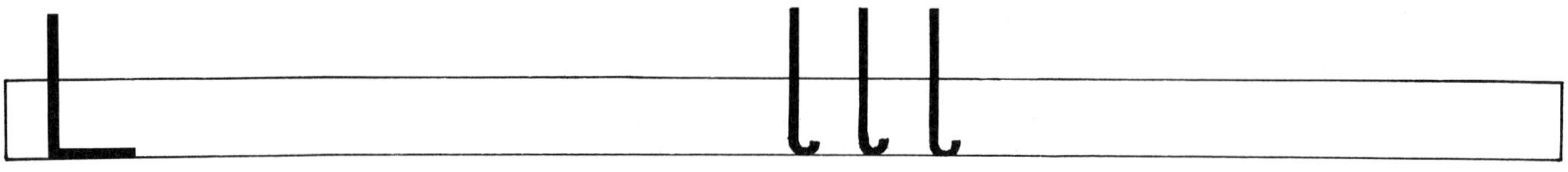

Auf welchem Buchstaben findet Mutter Maus ihr Mäusekind wieder?

Schreibe hier das M.

M

Male alle Dinge an, deren Anfangsbuchstabe ein M ist!

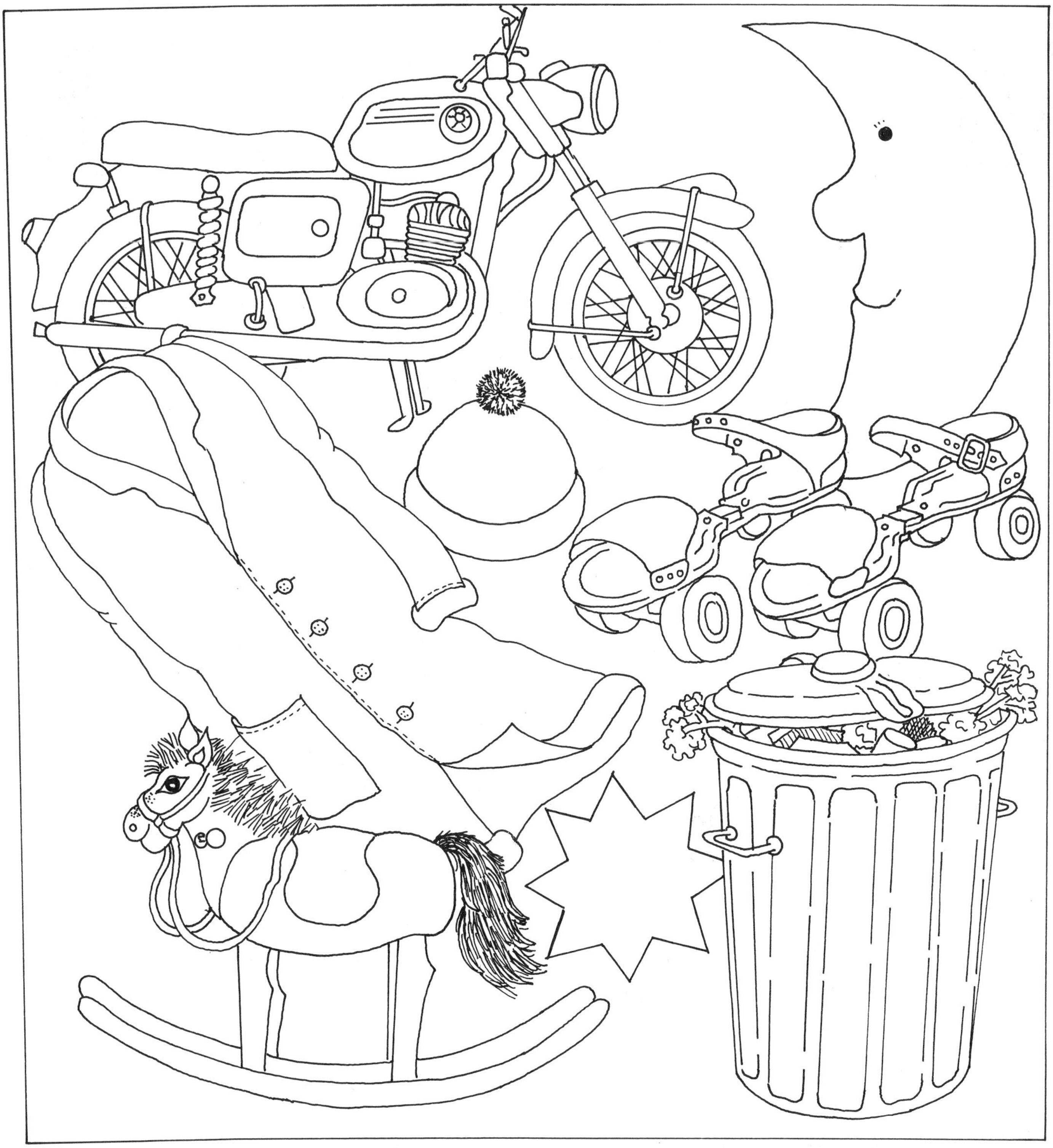

Kannst du schon M und m alleine schreiben?

M M

m m m m

Wenn du die Buchstaben schreibst, achte darauf,
daß du die Linien in einer bestimmten Richtung ziehst.

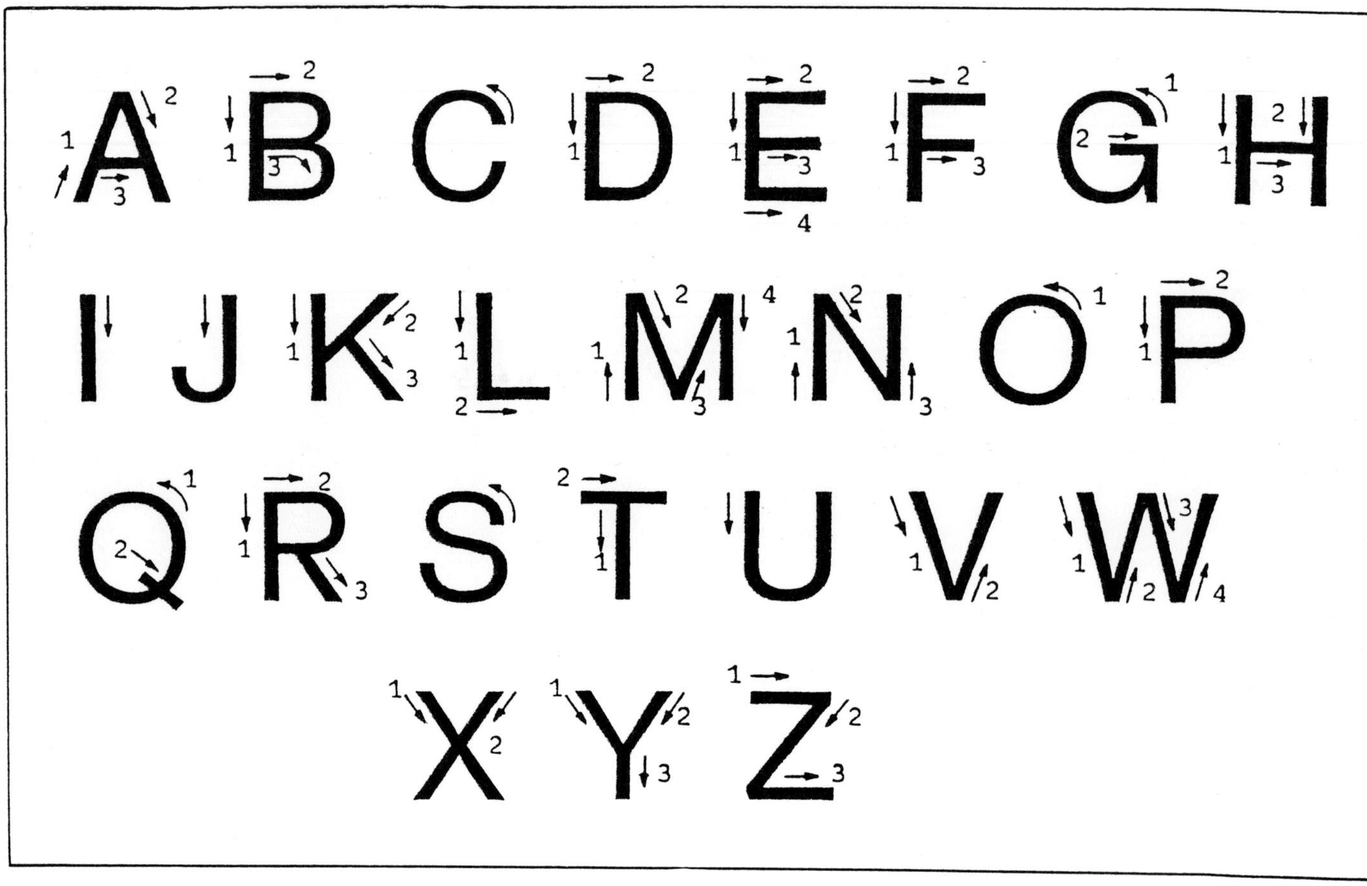

Die Pfeile → geben die Schreibrichtung an. An den
Zahlen siehst du, welche Linie du zuerst ziehen sollst.

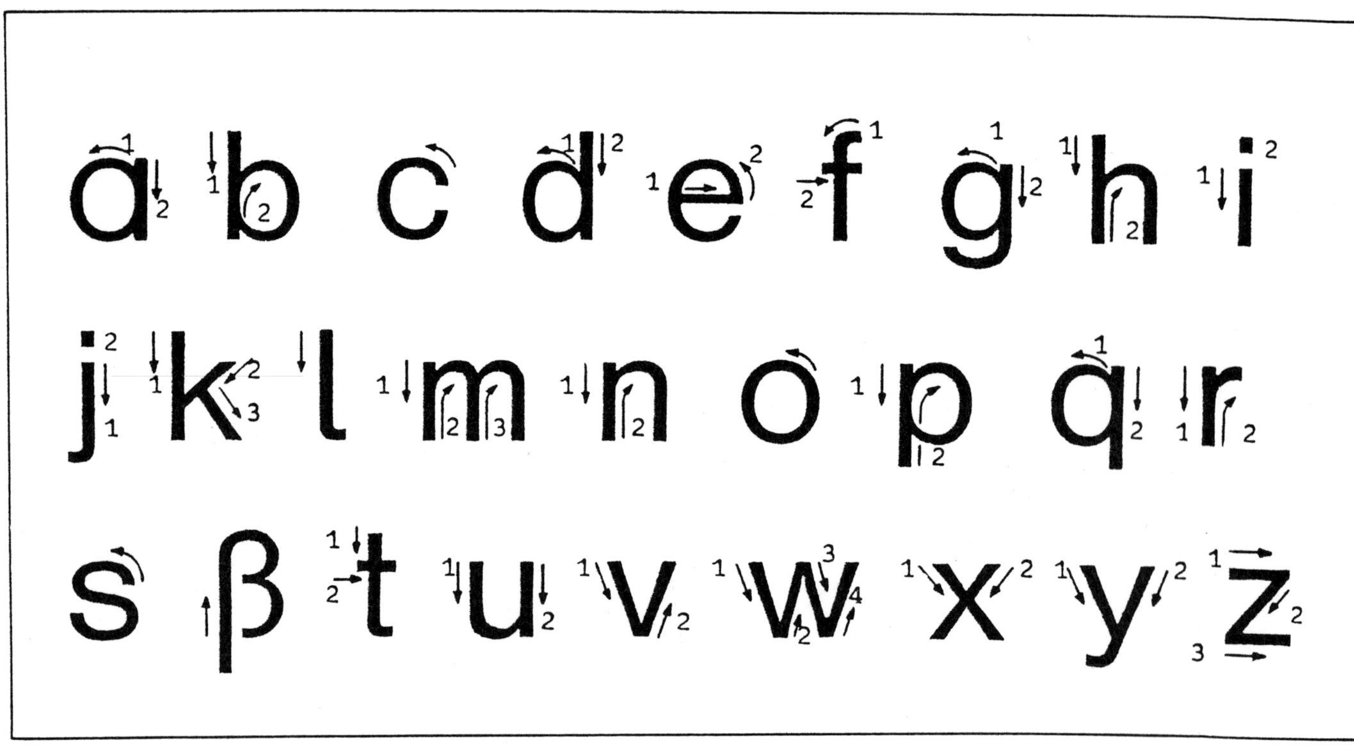

Die Buchstaben N bis Z kannst du im zweiten ABC-Buch üben.